Change Management und Widerstand

Vorgehen und Methoden des Change Managements und Gründe des Widerstands – Ein Einblick

Von Roland Kolleritsch

Studienarbeit

Paris-Lodron Universität Salzburg

ISBN: 1517249287
ISBN-13: 978-1517249281

Inhalt

Abbildungsverzeichnis

Abb. 1.:EFQM-Modell: https://de.wikipedia.org/wiki/EFQM-
Modell#/media/File:EFQM-
Modell_(Qualit%C3%A4tsmanagement).svg

Abb.2.: PDCA-Zyklus:
http://de.wikipedia.org/w/index.php?title=Datei:PDCA_Cycle.sv
g&filetimestamp=20090218070849, Diagram by Karn G. Bulsuk
(http://www.bulsuk.com)

Abb.3.: Hochleistungsteam:
https://de.wikipedia.org/wiki/Team_Management_Systems#/me
dia/File:Team_Management_Systems.png

1. Grundlagen zum Change Management

1.1. Definition

Change Management bedeutet, Veränderungsprozesse auf Unternehmens- und persönlicher Ebene zu planen, zu initiieren, zu realisieren, zu reflektieren und zu stabilisieren. Das Spektrum der Veränderungsinhalte reicht dabei von der strategischen Ausrichtung bis zur Durchführung von Maßnahmen zur Persönlichkeitsentwicklung der Mitarbeiter. Change Management zielt auf planmäßige, mittel- bis langfristig wirksame, Veränderung von Verhaltensmustern und Fähigkeiten, um zielgerichtet Prozesse und Kommunikationsstrukturen zu optimieren. Dafür ist eine ganzheitliche Betrachtungsweise der Organisation notwendig. (Kostka/Mönch, 2006)

Veränderungsmanagement beschreibt einen wiederkehrenden Prozess der kontinuierlichen Exploration, Analyse, Evaluation und des Managements vieler kleiner und manchmal großer, un- und vorhersehbarer Probleme und Misserfolgsrisiken sowie der Erfolgsfaktoren und -chancen bei organisationalen Veränderungen. Allgemeines Ergebnis des Veränderungsmanagements soll ist ein möglichst hoher Zielerreichungsgrad und eine positive Evaluation der Maßnahmen, Ergebnisse und Folgen durch die einflussreichen Schlüsselpersonen und -gruppen inner- und außerhalb der Organisation, insbesondere die Auftraggeber sein. Ideal ist, wenn alle relevanten Personen/-gruppen die Veränderungen unabhängig voneinander, aber übereinstimmend mit dem Label „Erfolg" versehen. (Greif et al, 2004)

1.2. Die historische Entwicklung des Change Managements

„Nichts ist beständiger als Wandel", wusste bereits ca. 500 Jahre v. Chr. Heraklit. Wandel und Veränderung sind keine neuen Phänomene, nur die Geschwindigkeit, in der die Unternehmen heute gezwungen sind, sich zu verändern, hat sich erhöht. Den Führungskräften muss es gelingen, ihre Mitarbeiter schnell in die Veränderungsprozesse einzubeziehen und diese auch von (Ver)Änderungen zu überzeugen. Nur wem das gelingt, ist Erfolg gesichert. (Kostka/Mönch, 2006)

Die Auseinandersetzungen mit Veränderungen von und in Organisationen ist „ein zentrales, wenn nicht das zentralste Anliegen der Organisationsforschung". Die erste Pioniergeneration der Unternehmensberater hat sich bereits am Ende des 19. Jahrhunderts praktisch und in Publikationen mit diesem Thema auseinandergesetzt. Pioniere aus dieser Zeit sind Henry Gantt und A.D. Little. Die historischen Wurzeln der Konzepte und Theorien zur Organisationsentwicklung durch geplanten organisationalen Wandel sind aber erst circa 50 Jahre später entstanden. Zu nennen sind hier die klassischen Konzepte von Kurt Lewin am Ende der 40er Jahre und seinen Nachfolgern, sowie die historisch grundlegenden theoretischen Arbeiten von Chris Argyris Ende der 70er Jahre zur lernenden Organisation durch Selbstreflexion und Double-Loop-Lernen. Lewins Phasen-Modell war Ausgangspunkt vieler weiterführender theoretischer und empirischer Arbeiten. Nahezu alle Autoren in diesem Feld beziehen sich auf Lewins-Phasenmodell: Tuckmann (1965), Beckhard und Harris (1977), Kanter (1983), Tichy und Devanna (1986), Nadler und Tushman (1989), Jick (1993), Doppler und Lauterburg (1994), Kotter (1996) und Krüger (2000).

Empirischen Untersuchungen zum Nachweis, dass die meisten Veränderungen einem dieser Modelle folgen, fehlen bislang. Der Nachweis dürfte auch relativ schwierig sein, denn erfahrungsgemäß verlaufen die Veränderungen selten oder nie so geordnet, wie sie ursprünglich geplant wurden und wie dies die Phasenmodelle suggerieren. (Greif et al, 2004)

2.   Methoden für Change Management
2.1. Stufe 1: Selbstbewertung nach dem Modell der EFQM

Das Modell der European Foundation for Quality Management bietet den Unternehmen eine Möglichkeit zu Selbstbewertung anhand neun verschiedener Kriterien mit unterschiedlichen Wertigkeiten. Insgesamt kann ein Unternehmen dabei 1000 Punkte erreichen.

Die Kriterien werden zu je 50% in Befähiger- und Ergebniskriterien unterteilt. Befähigerkriterien geben Aufschluss darüber, was eine Organisation unternimmt, um ihre Ziele zu erreichen und ihr Potential voll zu nutzen. Die Ergebniskriterien hingegen zeigen die Leistungen, die das Unternehmen erbracht hat.

Der Punkt „Prozesse" ist mit 140 möglichen Punkten die Wichtigste der Befähigerkategorien. Den größten Anteil der Ergebniskategorien haben die Kunden mit 20%. Die Bewertung erfolgt dann mit Hilfe von Fragebögen, Gesprächen und Workshops mit den Die Bewertung erfolgt dann mit Hilfe von Fragebögen, Gesprächen und Workshops mit den jeweiligen Betroffenen und der Auswertung von Zahlen, soweit solche objektiv messbar sind (zB Finanzen, Zeit). (vgl. Kostka/Mönch, 2006)

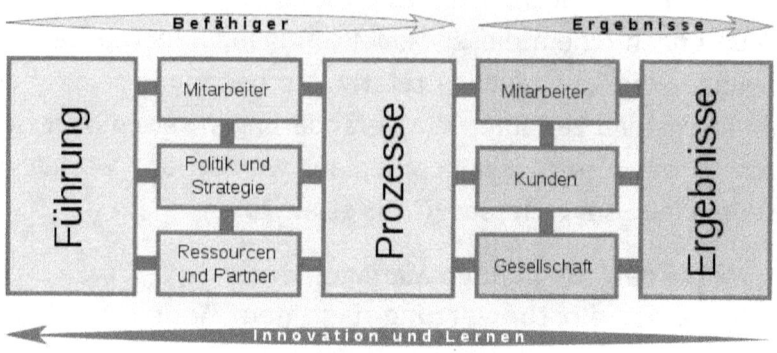

Abb.1: EFQM-Modell
Diagram: Sven: Lizenz: <u>GNU-Lizenz für freie Dokumentation</u>

2.2. Stufe 2: Balanced Scorecard

Balanced Scorecard lässt sich am besten mit „ausgewogenem Berichtsbogen" übersetzen. Gemeint ist damit, dass das Unternehmen mit Hilfe von Kennzahlen in vier Kategorien bewertet wird. Dabei ist es entscheidend, dass die Kennzahlen objektiv gefunden werden. Nur somit kann man einen inner- und außerbetrieblichen Vergleich anstellen.

Kategorie 1: Finanzwirtschaft: Verglichen werden vor allem Kriterien des Ertragswachstums, der Produktivitätssteigerung bzw. der Kostensenkung und der Investitionsstrategie.

Kategorie 2: Kundenperspektive: Gemessen wird diese anhand von Zufriedenheit, Treue und Neukundengewinnung, aber auch am Marktanteil.

Kategorie 3: Prozessperspektive: Sie behandelt die Stärken und Schwächen des Unternehmens anhand von Lieferzeiten und Bestandskosten.

Kategorie 4: Mitarbeiter: Das Mitarbeiterpotential zeigt sich durch von Veränderungsbereitschaft, Mitarbeiterzufriedenheit und -produktivität sowie Personaltreue. (vgl. Kostka/Mönch, 2006)

2.3.   Stufe 3: Integrative Kommunikation

Die Besonderheit der integrativen Kommunikation liegt darin, dass sie zwei Kommunikationsdimensionen, nämlich die funktionale und die soziale, verknüpft. Die funktionale Dimension ist dabei darauf ausgerichtet, einen sachlichen Austausch von aufgabenbezogenen Informationen zu gewährleisten. Sie fördert die Leistungsfähigkeit der Mitarbeiter und ist zweckgerichtet und rational. Der Aufbau erfolgt hierarchisch. Die soziale Kommunikation hat das Ziel, die Leistungsbereitschaft der Mitarbeiter zu fördern und zu stärken. Je individueller dabei der Kontakt zwischen Führungsebene und Belegschaft ist, desto motivierender wirkt die Anerkennung. Zudem befriedigt die Selbstbestätigung den Wunsch der Menschen nach Gruppenzugehörigkeit. (vgl. Kostka/Mönch, 2006)

2.4.   Stufe 4: Projektmanagement

Die DIN (Deutsche Industrienorm) 69901 definiert Projektmanagement als die „Gesamtheit von Führungsaufgaben, -organisation, -techniken und -mittel für die Abwicklung eines Projekts". Gemeint sind damit alle planenden, überwachenden und koordinierenden Maßnahmen für die Neugestaltung eines Systems oder die Lösung eines Problems mit dem Ziel den Veränderungsprozess strukturiert ablaufen zu lassen und die

9

Firmenvision innerhalb des personellen, technischen, terminlichen und finanziellen Rahmens zu bewältigen.

Um das Projektziel innerhalb der gesteckten Zeit und den Rahmenbedingungen erreichen zu können, ist es wichtig, die vier Phasen eines Projekts (Definition, Planung, Realisierung und Abschluss) vorab zu klären. Je ausführlicher ein Veränderungsprojekt geplant ist, desto reibungsloser wird der Prozess vonstattengehen. (vgl. Kostka/Mönch, 2006)

2.5. Stufe 5: Prozessmanagement

Das Prozessmanagement beschäftigt sich mit der Optimierung der Prozesse im Unternehmen, die auf die Kundenanforderungen ausgerichtet sind.

Was ist ein Prozess?

Ein Prozess besteht aus Eingaben (Material, Informationen), Tätigkeiten (Verfahren) und aus Ergebnissen (Produkte, Dienstleistungen). Weiters kann ein Prozess in Schlüsselprozesse (zB Produktentwicklung, Produktion und Service) und Supportprozesse (zB PR, Rechnungswesen) untergliedert werden. Prozessoptimierungen finden auf der Arbeitsebene der Mitarbeiter statt, denn die wissen meistens am besten Bescheid, wo Schwachstellen und welche Abläufe verbesserungswürdig sind. Durch die aktive Eingliederung der Mitarbeiter können sich diese auch besser mit Veränderungen identifizieren und die Motivation wird gesteigert.

Wann wird Prozessmanagement durchgeführt?

Prozessmanagement wird durchgeführt, wenn zum Beispiel bei Unternehmenszusammenschlüssen oder beim Zusammenschluss von Unternehmensabteilungen verschiedene Prozesse aufeinander abgestimmt und angeglichen werden müssen oder wenn der ständige Verbesserungsprozess etabliert werden soll.

Ziele von Prozessmanagement sind unter anderem die Steigerung der Effizienz durch stetige Verbesserung, die Erhöhung der Marktorientierung durch stärkere Kundenorientierung und eine Steigerung der Kompetenz durch dauerndes Lernen und der Verbesserung der Serviceleistung. Durch die Verbesserung dieser Faktoren kommt es zu einer Erhöhung von Qualität und Produktivität.

Erfolgreiche Prozessoptimierung:

Damit eine Prozessoptimierung erfolgreich ist, sollte die Prozessarbeit genau vorbereitet werden (Rollenverteilung und Rollendefinierung im Team), die Prozesse genau beschrieben werden und die Prozesse strukturiert, gelenkt und ständig verbessert werden. Die Vorgehensweise hierbei beruht auf dem

PDCA-Zyklus/Plan-do-check-act. (vgl. Kostka/Mönch, 2006)

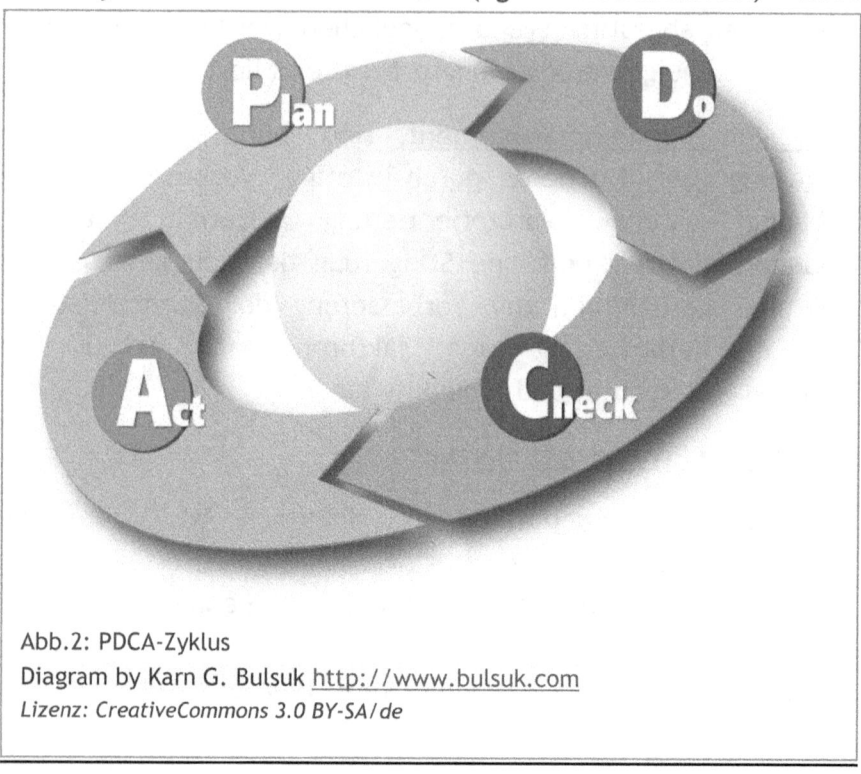

Abb.2: PDCA-Zyklus
Diagram by Karn G. Bulsuk http://www.bulsuk.com
Lizenz: CreativeCommons 3.0 BY-SA/de

2.6. Stufe 6: Hochleistungsteams

Veränderungsprozesse können heutzutage nur durch Teamarbeit bewältigt werden. Das alleinige Zusammenarbeiten mehrerer Personen muss allerdings noch lange kein Hochleistungsteam entstehen lassen.

Methode zur Entwicklung von Hochleistungsteams:

Dr. Charles Margerison und Dr. Dick McCann haben eine Methode zur Entwicklung von solchen Hochleistungsteams entwickelt. Basis für dieses Modell sind die einzelnen Arbeitspräferenzen der einzelnen   Teammitglieder.

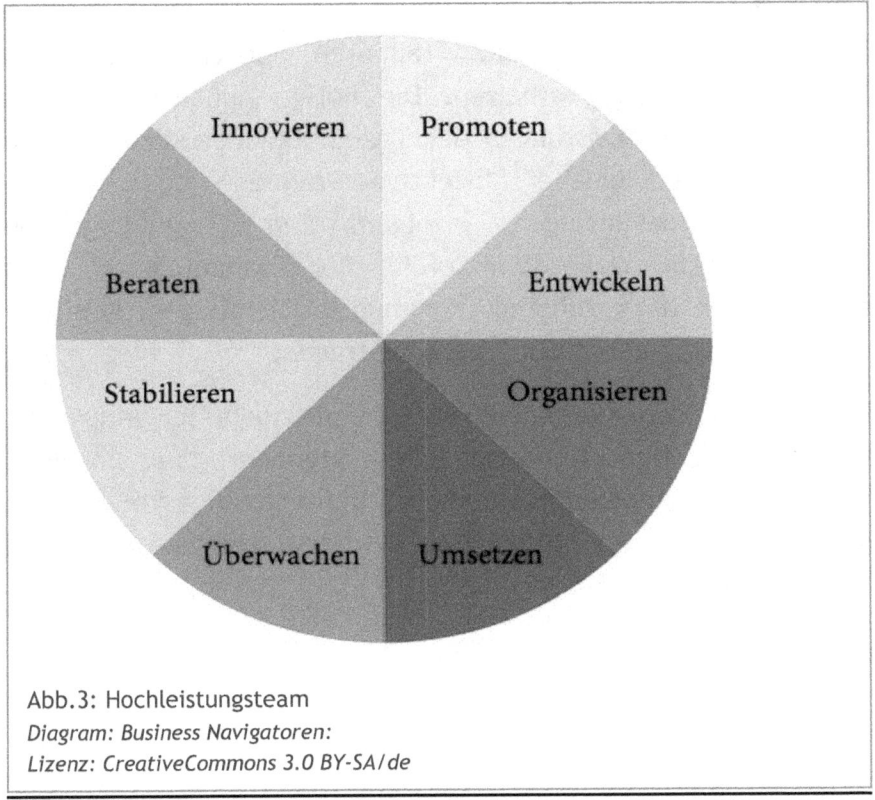

Abb.3: Hochleistungsteam
Diagram: Business Navigatoren:
Lizenz: CreativeCommons 3.0 BY-SA/de

Neun Instrumente zur Bildung von Hochleistungsteams:

Die Teamfindung erfolgt anhand eines Fragebogens (Methode zur Entwicklung von Hochleistungsteams). Zur Standortbestimmung gehören Forming, Storming, Norming, Performing. Darüber hinaus ist eine gemeinsame Zieldefinition, die auch mit dem Unternehmensziel übereinstimmt, wichtig. Zur Zielerreichung bedient man sich der Erfolgsfaktoren Informationsbeschaffung, Entwicklung neuer Ideen, Bewertung und Umsetzung neuer Ideen und Teamorganisation. Beim Effektivitätsmanagement werden die Ergebnisse und Wirkungen (Output und Outcome) mit externen Benchmarks verglichen. Im Erwartungsmanagement spielen Teamregeln eine wesentliche Rolle. Jedes Individuum hat einen Unterstützungsbedarf. Diese Unterstützung kann eine Person durch Lernen und Trainieren, Coaching und/oder Mentoring/Partnering erhalten. Die nötige Außenwirkung und Anerkennung der Leistungen der Teammitglieder können durch Feedback, individuelle Incentives/Prämien oder Team-Incentives/Auszeichnungen erfolgen. Zur Teamintegration braucht es ein starkes Wir-Gefühl. Der Teamintegrator muss einer Gruppe aktiv zuhören, Kommunikation pflegen, Konflikte im Team erkennen und zur Lösung beitragen.

Im Team können diese neun Instrumente mehrfach eingesetzt werden. Wichtig ist, dass dalle Mitglieder die einzelnen Instrumente genau kennen. Lediglich die erstmalige Verwendung dieser soll mit der Hilfe von externen Beratern erfolgen. (vgl. Kostka/Mönch 2006)

2.7. Stufe 7: Effektive Selbstführung

Die Unternehmensführung muss den Anstoß für eine Veränderung geben, dann liegt es an den Mitarbeitern diese Veränderungen auch zu realisieren. Ziel der effektiven Selbstführung ist es, seinen eigenen Handlungsspielraum zu erweitern, ohne den eines anderen einzuschränken. Mitarbeiter, die selbstverantwortlich handeln, sind das wichtigste Kapital in einem Unternehmen, denn sie sind es, die eine Veränderung realisieren oder blockieren. (Kostka/Mönch, 2006)

Der persönliche Veränderungsprozess

Der persönliche Veränderungsprozess erfolgt durch sieben Schritte, die Stephen Covey 1992 vorgeschlagen hat (The Seven Habits of Highly Effective People).

Sein erstes Prinzip (proaktiv handeln) besagt, dass man eigeninitiativ sein und positiv ins Geschehen eingreifen soll. Sein zweites Prinzip behandelt das Ziel, das man vor Augen haben soll. Die Umsetzung von Aufgaben soll durch einen selbst und nicht durch andere geschehen erfolgen. Mit dem dritten Prinzip beschreibt er das Zeitmanagement. Zu wichtigen Dingen soll man Ja sagen, zu weniger wichtigeren im Moment Nein sagen und diese auf später verschieben. Das vierte Prinzip widmet sich dem Win-Win-Denken. Positive Erfahrungen sind positive Einzahlungen auf einem Konto. Negative Erfahrungen sind Belastungen. Wenn möglich, ist eine Win-Win Situation immer am besten, da jeder einen Nutzen daraus zieht und oft kreative Lösungen das Ergebnis sind. Sein fünftes Prinzip gilt der wertschätzenden Kommunikation. Bei Meinungsverschiedenheiten hilft es oft sich in die Lage des anderen zu versetzen. Im sechsten Prinzip beschreibt er den Problemlösungsprozess. Ist man nicht der gleichen Meinung sollte dies nicht als Hindernis, sondern als

Möglichkeit zur Horizonterweiterung gesehen werden. Das siebte Prinzip besagt, dass die Selbstführung kontinuierlich verbessert werden soll und die vorigen sechs Prinzipien immer wieder angewandt werden sollen. „Die größte Einzelinvestition, die wir in unserem Leben vornehmen können, ist in uns selbst zu investieren." Kostka/Mönch, ChangeManagement(2006) (Kostka/Mönch 2006)

3. Vorgehen beim Change Management
3.1. Veränderungsverfahren

In Zukunft wird es darauf ankommen, die traditionellen Aufbau- und Ablauforganisationen zu einem ganzheitlichen Konzept von Mensch, Prozess und Information zusammenzufügen und Netzwerke, bestehend aus kleinen, schlagkräftigen Teams zu entwickeln. Für die erfolgreiche Gestaltung von Veränderungsprozessen ist es notwendig, eine umfassende Sicht auf das Unternehmen und seine Umgebung zu werfen.

3.2. Management von Veränderungsprozessen

Die Planung, Realisierung und die nachhaltige Förderung von tiefgreifenden Veränderungen in Unternehmen benötigen eine herausragende Führung, einen stufenweisen Veränderungsfahrplan und stufenweise flexibel einsetzbare Methoden.

Herausragende Führung: Tief greifende Veränderungsprozesse werden in erster Linie von Unternehmenspersönlichkeiten initiiert, die schnell und phantasievoll auf neue Herausforderungen reagieren, zB indem sie frühzeitig neue Geschäftsfelder erschließen, Unternehmensstrukturen verändern, Bedürfnisse bei Kunden wecken, Schlüsselpositionen mit geeigneten Mitarbeitern besetzen und Mitarbeiter für ihre Ideen begeistern.

Stufenweiser Veränderungsfahrplan: John P. Kotter hat 1996 einen Sieben-Stufen-Veränderungsfahrplan entwickelt:

- **Bewusstsein für dringenden Veränderungsbedarf schaffen:** Dafür wird die Markt und Wettbewerbssituation untersucht und bewertet, Chancen und Risiken erkannt, potenzielle Krisen antizipiert und Konsequenzen frühzeitig abgeleitet.

- **Visionär führen und messbare Strategie entwickeln:** Anfangs wird eine Gruppe zusammengestellt, die genügend Überzeugung, Kompetenz und Macht besitzt, den Wandel zu gestalten. Danach wird eine Vision geschaffen, die für die Veränderungsbestrebung richtungsweisend ist. Später wird eine Strategie entwickelt, die zur Realisierung der Vision beiträgt. Daraus werden Kennzahlen, Zielerreichungsgrade und Aktionsprogramme abgeleitet.

- **Vision und Strategie kommunizieren:** Es soll jede Möglichkeit genützt werden, um die Vision und Strategie zu kommunizieren. Die Führungskoalition lebt vor, was sie von den Mitarbeitern erwartet (Vorbildwirkung).

- **Kurzfristig sichtbare Erfolge planen:** Große Projekte sollen in kleine Pakete bzw. Aktivitäten zerlegt werden. Dadurch können sichtbare Leistungsverbesserungen geplant werden. Erfolge müssen kommuniziert und die Mitarbeiter dafür belohnt werden.

- **Prozessorientierte Steuerung der Veränderung durch Mitarbeiter:** Die Strukturen sollen auf die veränderten Rahmenbedingungen ausgerichtet werden und die Mitarbeiter sollen an der Neugestaltung beteiligt und Hindernisse beseitigt werden. Darüber hinaus soll zu Risikobereitschaft, Eigeninitiative und konkreten Handlungen ermutigt werden.

- **Erfolge konsolidieren und Veränderungen institutionalisieren:** Es ist wichtig die wachsende Glaubwürdigkeit zu nutzen, um alle Strukturen und Verfahren, die nicht zur Verwirklichung der Vision beitragen, zu verändern. Dazu gehören Mitarbeiter entwickelt, befördert und neue eingestellt, um den Wandel realisieren können. Der Veränderungsprozess kann mit neuen Projekten, Themen und Impulsen in Gang gehalten und belebt werden.

- **Neue Verhaltensweisen kultivieren:** Neues Verhalten ist in den sozialen Normen und Werten verwurzelt. Die Beziehung zwischen verändertem Verhalten und Unternehmenserfolg soll veranschaulicht werden. Dafür müssen Maßnahmen entwickelt werden, die die Führungsentwicklung und -nachfolge sicherstellen. (Kostka/Mönch, 2006)

Typische Fehler bei Veränderungen

Kotter analysierte zahlreiche Veränderungsinitiativen von Unternehmen. Er stellte fest, dass im Wesentlichen acht Fehler für das Scheitern von Veränderungen verantwortlich sind. Diese werden im Folgenden beschrieben.

- **Duldung von zu viel Selbstherrlichkeit:** Das Management signalisiert den Beschäftigten zu Beginn einer Unternehmenstransformation nicht die notwendige Dringlichkeit des Vorhabens. „Zu viele Erfolge in der Vergangenheit, das Fehlen sichtbarer Krisen, niedrige Leistungsstandards, ungenügendes Feedback von externen Auftraggebern sowie Kunden...." ermöglichen eine Verharmlosung der Realität. Dies äußert sich durch Phrasen wie: „Das haben wir schon immer so gemacht, warum sollen wir es diesmal anders machen?" oder „Ja, die Situation ist mal wieder schwierig, aber das wird schon wieder!" Zu lange und zu selbstherrlich wird am Status quo festgehalten oder es wird versucht, die Veränderungen ohne die Beteiligung der Mitarbeiter und Kollegen voranzutreiben.

- **Keine Führungskoalition:** Fehlt eine starke Führungskoalition aus den ersten Reihen des Unternehmens, so scheitern Veränderungsvorhaben.

- **Unterschätzen der Kraft der Vision:** Fehlt eine klare, verständliche und überzeugende Vision, so fehlt dem gesamten Veränderungsvorhaben die wegweisende Richtung. Es folgen zeitintensive und häufig nutzlose Einzelprojekte, die zu versanden drohen, da die eindeutige Direktive fehlt.

- **Mangelnde Kommunikation der Vision:** Die Mitarbeiter werden nur dann bereit sein, Verzicht zu üben und Engagement zu zeigen, wenn ihnen der Wandel nützlich und durchführbar erscheint. Dieses sowohl rationale als auch emotionale Verständnis kann nur zustande kommen, wenn den Mitarbeitern die Vision rechtzeitig und plausibel kommuniziert wird.

- **Visionsblockierende Hindernisse:**

  Viele Transformationsbewegungen scheitern an entmutigten Mitarbeitern, die während ihrer Veränderungsbemühungen auf organisatorische Blockaden stoßen. Starre Ablaufbeschreibungen verhindern die flexible Anpassung an neue Zielsetzungen. Bewertungs- und Vergütungssysteme, die ein nicht mehr adäquates Verhalten belohnen, halten die Beschäftigten davon ab, ihr Verhalten an den neuen Zielen auszurichten. Versäumt man es, sich mit solchen Barrieren auseinander zu setzen, so sinkt die Veränderungsbereitschaft der Beschäftigten und Veränderungsbestrebungen werden blockiert.

- **Fehlende Planung kurzfristiger Erfolge:** Der Zeithorizont von Veränderungsprozessen beträgt gewöhnlich mehrere Jahre. Oftmals bleibt dabei die Planung kurzfristig realisierbarer Erfolge auf der Strecke. Für die Motivation der Mitarbeiter ist es aber sehr wichtig, dass tatsächlich Zwischenergebnisse realisiert und gefeiert werden können. Das Fehlen kurzfristig sichtbarer Siege führt zunehmend zum Widerstand der Beschäftigten gegen Veränderungen.

- **Verfrühte Erklärung des Sieges:** Der Veränderungsprozess wird oft verfrüht für beendet erklärt, meist schon, nachdem die ersten Leistungsoptimierungen erreicht worden sind. Dadurch wird verhindert, dass die veränderten Handlungs- und Denkweisen dauerhaft in der Unternehmenskultur verankert werden.

- **Veränderungen werden nicht in der Unternehmenskultur verankert:** Transformation ist nur dann beständig, wenn „neue Verhaltensweisen in sozialen Normen und gemeinsamen Werten manifestiert sind...". Entfällt die Verankerung in der Unternehmenskultur, so sind die Veränderungen nicht stabil angelegt. Die Macht der Gewohnheit führt dazu, dass die alten Verhaltensweisen schnell wieder aufflammen. (Kostka/Mönch, 2006)

Erfolgsfaktoren für eine positive Bewältigung von Change-Prozessen

Für eine positive Bewältigung von Change-Prozessen sind folgende Erfolgsfaktoren mit zu berücksichtigen: Ausgeprägte Existenz von Leidensdruck und Problembewusstsein, fundierte Analyse und Diagnose der Ausgangssituation, transparente und klare Ziele des Change-Projektes, Unterstützung der Machtpromotoren , Bereitschaft zum Tragen der Prozesskosten, Beteiligung der von der Umsetzung der Ergebnisse des Change-Projektes Betroffenen und ein professionelles Konfliktmanagement. (Hammer/Kaltenbrunner, 2009)

4.   Widerstand und Veränderung
4.1. Was ist Widerstand?

„Von Widerstand kann immer dann gesprochen werden, wenn vorgesehene Entscheidungen oder getroffene Maßnahmen, die auch bei sorgfältiger Prüfung als sinnvoll, logisch oder sogar dringend notwendig erscheinen, aus zunächst nicht ersichtlichen Gründen bei einzelnen Individuen, bei einzelnen Gruppen oder bei der ganzen Belegschaft auf diffuse Ablehnung stoßen, nicht unmittelbar nachvollziehbare Bedenken erzeugen oder durch passives Verhalten unterlaufen werden." (Doppler/Lauterburg, 2005)

Im Arbeitsbereich ist Widerstand ein alltägliches Phänomen und keine ungewöhnliche Reaktion auf Veränderungsprozesse. Wenn Widerstand auftritt, ist man zum Anhalten gezwungen. Klärende und vor allem erklärende Gespräche mit einzelnen Mitarbeitern und Verantwortlichen und manchmal auch Kurskorrekturen können aktiven Widerstand beheben. In der Unternehmenspraxis herrscht immer Zeitmangel und gerade dann erscheint Widerstand als lästig, unangebracht und manchmal auch als inakzeptabel.

Um den Erfolg einer Veränderung zu sichern, bedarf es einer rechtzeitigen Erkennung und richtigen Beantwortung des Widerstandes. Ein zentraler Erfolgsfaktor ist der konstruktive Umgang mit Widerstand. (Doppler/Lauterburg, 2005)

4.2. Gründe für Widerstand

Gründe für Widerstand können verschiedene Ursachen haben. Oft verstehen die Betroffenen die Motive, Hintergründe oder Ziele einer Maßnahme nicht. In anderen Situationen können die Betroffenen zwar verstehen, worum es geht, glauben aber nicht an das, was sie vermittelt bekommen. Auch wenn Mitarbeiter verstehen, worum es geht und auch an das glauben was ihnen gesagt wird, kann es ihnen Schwierigkeiten bereiten, den Veränderungsprozess mitzugestalten, da ihnen die Maßnahmen keine positiven Konsequenzen versprechen.

Widerstand entwickelt sich meist nicht aus einer sachlichen Ebene heraus, sondern aus einer emotionalen. Oft sind Angst, Zweifel und Unsicherheit Auslöser für Widerstand.

Widerstand ist nicht immer ganz leicht zu erkennen. Verschlüsselte Botschaften müssen manchmal erst entziffert werden, bevor konstruktiv auf sie eingegangen werden kann. Widerstand kann man durch zähes und mühsames Vorankommen, Debattieren über Nebensächliches, allgemeine Ratlosigkeit, unklare Antworten, Unruhe, hohe Krankenstand, „Papierkrieg" und Gerüchtebildung erkennen.

	Verbal (Reden)	Nonverbal (Verhalten)
Aktiv (Angriff)	**Widerspruch** Gegenargumentation Vorwürfe Drohungen Polemik Sturer Formalismus	**Aufregung** Unruhe Streit Intrigen Gerüchte Cliquenbildung
Passiv (Flucht)	**Ausweichen** Schweigen Bagatellisieren Ins Lächerliche ziehen Unwichtiges debattieren	**Lustlosigkeit** Unaufmerksamkeit Müdigkeit Fernbleiben Innere Emigration Krankheit

Tabelle1: Symptome für Widerstand

Werden Mitarbeiter, egal in welcher Hierarchiestufe, mit Neuem bekanntgemacht, stellen sich für jeden Fragen wie: „Wozu das Ganze?", „Kann ich das?" und „Will ich das?" In dieser Situation ist es wichtig Einzel- oder Gruppengespräche zu führen, den Betroffenen das Gefühl zu geben, dass man sie versteht und analytisch an das Problem heranzugehen. (vgl. Doppler/Lauterburg, 2005)

4.3. Personalmanagement in Krisen

Die größte Bedrohung für Unternehmen sind oft nicht erkannte Chancen von morgen. Oft sind die innere Kündigung der Mitarbeiter, Fehlentscheidungen der Unternehmensführung oder der Wegfall von wichtigen Leistungsträgern Ursachen für diese Bedrohungen. Diese Bedrohungen beziehungsweise Chancen müssen durch strukturiertes Beobachten von laufenden Vorgängen der internen Organisation und der Umwelt des Unternehmens erkannt werden. Es gibt dabei eine Reihe von Lösungsansätzen zum Aufbau von Früherkennungssystemen. Die Aufgabe des Personalmanagement bei der Erkennung von Krisen ist es, den Personalbereich zu analysieren und entsprechende Lösungsmodelle auszuarbeiten. Je früher Krisen erkannt werden desto größer ist die Chance Gegensteuerungsmaßnahmen zu treffen, denn Veränderungen treten nicht unmittelbar ein, sondern bedürfen einer entsprechenden Reaktionszeit.

In Krisen ist ein konsequentes "Führen und Fördern" von Mitarbeitern ein zentraler Erfolgsfaktor. In Krisenzeiten müssen Führungskräfte Sozialkompetenz besitzen, um die umfassende Information der Mitarbeiter und die gleichzeitige Steigerung der Leistung bewerkstelligen zu können. Spezielle Anforderungen werden in Veränderungsprozessen an die Führungskräfte gestellt. Damit innovative, kreative und engagierte Mitarbeiter einem Unternehmen in schweren Zeiten nicht abhanden kommen, müssen sie kompetent geführt und motiviert werden. Besonders wichtig ist es, dass die Qualifikationen, also Kompetenzen der Mitarbeiter, festgestellt und gefördert werden.

Innovationen müssen eingeleitet und ein kontinuierlicher Veränderungsprozess im jeweiligen Verantwortungsbereich sichergestellt werden. Dies kann durch eine aktive Eingliederung der Mitarbeiter, als sogenannte „Prozess-Manager", in die Gestaltung des Prozesses erfolgen. Denn wenn man sich als wichtiger Bestandteil eines größeren Ganzen fühlt, übernimmt man auch gerne Verantwortung für besondere Aufgaben.

Weiters ist in Krisensituationen die Qualifikation und das Engagement des Managements zu beurteilen. Es gilt zu klären ob die Mitarbeiter das Vertrauen in die Führung besitzen um auch die Krise bewältigen zu können. (vgl. Feldbauer/Stiegler, 1994)

5. Bearbeitung der Fallstudie: Das neue Managementkonzept

5.1. Zusammenfassung der Fallstudie:

Im Fachbereich „Verkauf und Service" eines Großunternehmens machten sich Defizite in der Aufgabenbewältigung und Leistungserfüllung durch Klimaverschlechterung, Arbeitsunzufriedenheit, Fehlzeiten und Beschwerden von Kunden bemerkbar. Ein für Innovationen aufgeschlossener, entschlussfreudiger Bereichsleiter lernt in einem Seminar ein Managementsystem kennen, welches ihm, für die Lösung seiner Probleme, als geeignet erscheint.

Gemeinsam mit den Abteilungsleitern seines Unternehmens beschließt er, dass ein Änderungskonzept durch ein externes Gutachterteam erarbeitet werden soll. Schon im Vorhinein wird geplant, dass die Abteilungsleiter das fertige Management-Konzept übernehmen und umsetzen sollen.

Das Gutachterteam kam zu folgendem Ergebnis:

Die Abteilungen sollten neu gegliedert werden. Für die Leistungssteigerung sollte ein zielorientiertes Verfahren eingeführt werden. Das vom Gutachterteam vorgeschlagene Management-System sollte in allen Abteilungen gleichzeitig und möglichst schnell umgesetzt werden.

Im Unternehmen verbreiten sich Gerüchte, dass eine baldige Veränderung ansteht. Bei den Mitarbeitern entstehen Ängste, Unsicherheiten und ein Klima des Misstrauens.

Dennoch sind die Abteilungsleiter zuversichtlich, dass sich die Probleme lösen lassen werden. Bei genauer Betrachtung des erarbeiteten Konzepts, stellen die Abteilungsleiter jedoch fest, dass vorher nicht wahrgenommene Konsequenzen aufgrund der Änderungsvorschläge von ihnen nicht akzeptiert werden.

Daraufhin wird der Bereichsleiter mit der direkten Verweigerungshaltung seiner Abteilungsleiter und dem Widerstand in den Mitarbeiterkreisen konfrontiert.

Ohne die Unterstützung der Abteilungsleiter kann der Bereichsleiter kein neues Management-System einführen und somit bleibt alles beim Alten.

5.2. Ablauf des Problemlösungsprozesses:

Durch die Verschlechterung des Arbeitsklimas machten sich folgende Dysfunktionalitäten bemerkbar: Arbeitsunzufriedenheit und Fehlzeiten der Mitarbeiter, Beschwerden von Kunden. Diese Probleme waren jedoch allen beteiligten Personen im Unternehmen bekannt und bewusst. Doch alleine die Tatsache über etwas Bescheid zu wissen, ändert noch nichts. Es fehlt dem Unternehmen an einer konkreten und passenden Lösung. Dem entschlussfreudigen und gleichzeitig für Innovationen jeglicher Art aufgeschlossenen Bereichsleiter gelingt es dann nach einiger Zeit endlich, diese Themen anzusprechen.

- **Phase 1:** Die erste Phase des Veränderungsprozesses, die Diagnose und Ideengewinnung, geht also speziell vom Bereichsleiter aus. Die passende Lösung hat er auch gleich parat. In einem Seminar erfährt er von einem fremden Managementkonzept, dass ihm für die kurzfristige Bewältigung der Probleme in seinem

Unternehmen hilfreich erscheint. Voller Tatendrang und Enthusiasmus kehrt er vom Seminar in sein Unternehmen zurück und ruft eine Abteilungsleitersitzung ein. Er erklärt das Konzept und schlägt vor, ein externes Gutachterteam zu engagieren, welches die Situation im eigenen Unternehmen beleuchten soll und dann ein wegweisendes Managementkonzept zur Beseitigung der Defizite erstellt. In einer demokratischen Abstimmung stimmen auch die Abteilungsleiter zu. Die Einholung eines Expertengutachtens wird somit beschlossen.

- **Phase 2:** Die zweite Phase des Veränderungsprozesses, die Autorisierung, erfolgt durch die gemeinsame Entscheidung des Bereichsleiters mit den Abteilungsleitern.
Kurze Zeit später beginnt das externe Gutachterteam mit seiner Arbeit – Mitarbeiter werden interviewt, Akten des Unternehmens analysiert und teilnehmende Beobachtungen angestellt. Während der Zeit, in der das Expertenteam im Unternehmen anwesend ist, gehen im Unternehmen zwischen den Mitarbeitern Gerüchte über geplante Änderungen um. Durch diese Gerüchte entstehen Ängste, Unsicherheiten und ein Klima des Misstrauens.
Das Ergebnis des Gutachtens liegt einige Wochen später vor. Das neue Konzept beinhaltet einen Neuzuschnitt der Abteilungen. Dieser Neuzuschnitt soll ein ziel- und ergebnisorientiertes Verfahren zur Leistungssteigerung ermöglichen. Erreicht werden soll dies unter anderem durch formale Anordnungen.

- **Phase 3:** Die dritte Phase des Veränderungsprozesses, die Problemlösung, wird voll und ganz dem externen Team überlassen. Weder Bereichsleiter noch Abteilungsleiter bringen sich kreativ in den Prozess ein. Sie haben sich schlichtweg auf die Beurteilung unternehmensfremder Personen verlassen. Nach dem Erhalt des Experten-Exposés ruft der Bereichsleiter eine neue Abteilungsleitersitzung ein um das endgültige Konzept vorzustellen. Er berichtet seinen Kollegen das Ergebnis des Exposés, welches den Neuzuschnitt der Abteilungen vorschlägt. Bei diesem Meeting bringen einige Abteilungsleiter Kritik am neuen Konzept an. Sie berichten auch über indirekte Informationen über Widerstände in den Mitarbeiterkreisen. Auf diese konträren Ansichten reagiert der Bereichsleiter zuerst mit Erstaunen und dann mit Bestürzung. Er versucht unzählige Rechtfertigungsgründe vorzubringen. Da Konflikte in diesem Unternehmen noch nie offen ausgetragen wurden, ist es auch jetzt für alle Beteiligten schwierig eine Kommunikationsbasis zu finden. Sie können sich nicht auf eine konkrete Formulierung der Realisationsschritte einigen und auch einer Modifikation des neuen Managementkonzepts stehen die Abteilungsleiter nun mit Ablehnung entgegen. Die Sitzung wird aufgelöst mit dem Ergebnis, dass das neue Konzept als ungeeignet erscheint und ersatzlos abgelehnt wird. Es bleibt also alles beim „Alten".

- **Phase 4:** Die vierte Phase des Veränderungsprozesses, die Realisierung, scheitert am Widerstand in den eigenen Reihen. Die anfänglichen „aktiven Gläubigen" oder zumindest „Opportunisten" verwandeln sich im Laufe des Prozesses in „offene Gegner".

5.3. Die Lösungsansätze unserer Gruppe:

Die Idee des Bereichsleiters, ein externes Gutachterteam zu engagieren, finden wir sinnvoll, da diese Leute Experten auf diesem Gebiet sind. Würden unternehmensinterne Personen an diesem Projekt beteiligt sein, bestünde sicherlich die Gefahr der Betriebsblindheit.

An der Umsetzung scheiterte es letztendlich, weil sich der Bereichsleiter nicht durchsetzen konnte. Hierarchisch steht er jedoch über den Abteilungsleitern.

Die Erarbeitung des neuen Managementkonzepts hat dem Unternehmen sicherlich viel Geld gekostet und dieses dann einfach als ungeeignet abzustempeln, ohne es zumindest für einige Zeit getestet zu haben, zeugt davon, dass der Bereichsleiter seine Funktion mit all ihrer Entscheidungskraft nicht richtig ausführt.

Wir würden uns an den stufenweisen Veränderungsfahrplan des Herrn John P. Kotter halten. Herr John P. Kotter ist Professor für Führungsmanagement an der Harvard Business School:

Schritt 1: Bewusstsein für dringenden Veränderungsbedarf schaffen

Wir hätten ganz am Anfang des Veränderungsprozesses eine Mitarbeiterbesprechung einberufen. Dort hätte man die Mitarbeiter informieren sollen, dass Veränderungen ins Haus stehen, die unweigerlich nötig sind um die Defizite zu bekämpfen. Hier müsste man die Energie für Veränderungen wecken und Vertrauen in das geplante Projekt schaffen. Die Mitarbeiter könnten ihre Einwände einbringen – Diskussionen wären entstanden und gemeinsame Lösungsvorschläge hätten im Team erarbeitet werden können. Chancen und Risiken würden somit frühzeitig erkannt. Probleme bei der Umstellung könnten somit von vornherein vermieden werden.

Schritt 2: Visionär führen und messbare Strategie entwickeln

Es müssten Gruppen von Mitarbeitern zusammengeführt werden, die genügend Überzeugungskraft, Macht und Kompetenz besitzen den geplanten Wandel mitzugestalten. Hier müsste eine Strategie entwickelt werden, die zur Realisierung der Vision beiträgt. Jegliche Führungskräfte müssten den Mitarbeitern auch vorleben, dass der Veränderungsprozess ein wichtiger Schritt in die Zukunft ist. Der begeisterte Bereichsleiter hätte die Mitarbeiter mit seiner offenen Art sicher mitreißen können.

Schritt 3: Vision und Strategie kommunizieren

Durch die Einführung von regelmäßigen Teamsitzungen bzw. Mitarbeiterbesprechungen kann allen der neue Veränderungsprozess samt den Fortschritten mitgeteilt werden. Die betroffenen Mitarbeiter können sich hier sofort einbringen. Der Veränderungsprozess muss offen dargestellt werden – die Umsetzung erfolgt gemeinsam im Team. Alle Mitarbeiter werden so immer gleichzeitig über die geplanten Änderungen und Fortschritte informiert, so könnten wir die Entstehung von Gerüchten vorbeugen. Auch die laufende Kontrolle des Veränderungsprozesses ist durch die regelmäßigen Teambesprechungen möglich.

Schritt 4: Kurzfristig sichtbare Erfolge planen

In der Firma sind konkret Defizite in der Aufgabenbewältigung und Leistungserfüllung im Fachbereich „Verkauf und Service" angesprochen. Der Verkaufsbereich ist anhand von Verkaufszahlen messbar. Ist hier eine deutliche Steigerung erkennbar, sollten Mitarbeiter belohnt, Lob und Anerkennung ausgesprochen werden. Kundenbeschwerden und Fehlzeiten würden sich minimieren.

Schritt 5: Prozessorientierte Steuerung der Veränderung der Mitarbeiter

Wir würden den Mitarbeitern, in Teilbereichen, die Eigenverantwortung übertragen, in dem sie mit konkreten Handlungen zum Veränderungsprozess beitragen könnten. So werden Sie sich bei der Neugestaltung der Abteilungen einbringen und sich gleich an die neuen Rahmenbedingungen gewöhnen.

Schritt 6: Erfolge konsolidieren und Veränderungen institutionalisieren

Die Mitarbeiter gehören geschult um sich weiterzuentwickeln. Persönlichkeitsseminare wären hier ein Beispiel. Durch freundliche und zufriedene Mitarbeiter kann die Anzahl der Beschwerden minimiert werden. Man könnte eventuell auch den innovativen Bereichsleiter befördern. Eine weitere Möglichkeit wäre neue Mitarbeiter einzustellen, die den Wandel zum „serviceorientierten, erfolgreichen Unternehmen" realisieren könnten.

Schritt 7: Neue Verhaltensweisen kultivieren

Die erfolgreich umgesetzten Veränderungen sollten nachhaltig sicher gestellt werden, bis sie genug gefestigt sind, um alte Traditionen abzulösen. (vgl. Kostka/Mönch, 2006)

Weitere Punkte die wir ändern würden:

Regelmäßige Mitarbeiterbesprechungen: Das Besprochene sollte dokumentiert werden um die Vereinbarungen festzuhalten – dies in der einfachen Form eines Protokolls, in welchem das Datum der Besprechung, die teilnehmenden Personen, Aufgaben und Ziele festgehalten werden.

Einführung einer geförderten und gesteuerten Teamentwicklung: Für das Betriebsklima wäre es förderlich eine geförderte und gesteuerte Teamentwicklung einzuführen. Ein Vorschlag unsererseits wären hier regelmäßige Betriebsausflüge, welche von Kollegen organisiert werden. Hochseilgärten, Wanderungen oder ein gemeinsamer Konzertbesuch wären eine Möglichkeit um das Team enger zusammenzuschweißen zu können. Eine große Mitarbeiterveranstaltung, wie zum Beispiel ein gemeinsames Sommerfest oder ein gemeinsamer Skitag würde es ermöglichen, dass man auch Mitarbeiter anderer Abteilungen näher kennen lernt. Dies hätte die Folge, dass abteilungsübergreifende Arbeitsprozesse effizienter von statten gehen können. Wenn man die Leute kennt, die in den jeweiligen Bereichen tätig sind, ist die Kommunikation ein leichtes.

Einberufung eines Betriebsrates: Wir würden einen Betriebsrat einberufen. Dieser wäre dann für Wünsche, Anregungen und Beschwerden für die Mitarbeiter zuständig. Eine Anlaufstelle, um betriebliche Probleme und Sorgen Kund zu tun, sollte langfristig das Arbeitsklima verbessern. Beispiele in welchen Situationen der Betriebsrat zur Seite stehen soll, sind: Problemen mit direkten Vorgesetzten, Probleme bei Kündigungen, die nicht rund ablaufen, Hilfestellung bei der Überprüfung von geänderten Dienstverträgen, bei Problemen mit der Beantragung von Sonderurlauben zB Pflegeurlaub bei Erkrankung eines Kindes, Ehepartners.

<u>Lob und Anerkennung:</u> Eine ganz simple Lösung ist das Lob und die Anerkennung durch den Vorgesetzten für die Erreichung kurzfristiger Ziele. Der Mitarbeiter fühlt sich in seiner Tätigkeit geschätzt. Ein zufriedener Mitarbeiter dem Wertschätzung zuerkannt wird, wird mit Begeisterung und Elan weiter für die Firma arbeiten.

<u>Einrichtung einer speziellen Beschwerdemanagement-Abteilung:</u> Eine eigene Abteilung für Beschwerden sollte eingerichtet werden. Diese dient als Anlaufstelle für Kritik und Anregungen der Kunden und sollte gezielt darauf eingegangen werden. Kunden, die merken, dass dem Unternehmen ihre Anliegen wichtig sind, sind in der Zukunft treuere Kunden. Die Firma muss sich für Fehler entschuldigen und die Lösung des Problems gemeinsam mit dem Kunden suchen. Dieser soll zufrieden gestellt werden, damit er merkt, dass er uns wichtig ist. Um den Kunden die „Entschuldung" leichter zu machen, kann man ihn mit Gutscheinen oder kleinen Werbegeschenken besänftigen.

6. Literaturverzeichnis:

Feldbauer B./Stiegler H. Krisenmanagement, Früherkennung - Sanierung - Insolvenzrecht, Linz, 1994

Doppler K./Lauterburg C., Change Management, Den Unternehmenswandel gestalten, Campus Verlag GmbH, Frankfurt am Main, 2005

Kostka C./Mönch A., Change Management, 7 Methoden für die Gestaltung von Veränderungsprozessen, Carl Hanser Verlag, München Wien, 2006

Hammer R./Kaltenbrunner K., Organisation, Personal & Führung, Management, Manz Verlag, 2009

Greif S./Runde B./Seeburg I., Erfolge und Misserfolge beim Change Management, Hogrefe Verlag, Göttingen, 2004

www.ingramcontent.com/pod-product-compliance
Lightning Source LLC
Chambersburg PA
CBHW070926180526
45168CB00005B/2166